BEI GRIN MACHT SICH IHR WISSEN BEZAHLT

- Wir veröffentlichen Ihre Hausarbeit, Bachelor- und Masterarbeit

- Ihr eigenes eBook und Buch - weltweit in allen wichtigen Shops

- Verdienen Sie an jedem Verkauf

Jetzt bei www.GRIN.com hochladen und kostenlos publizieren

Franziska Riedel

Klausurvorbereitung. Gedächtnisfunktion der Literatur

GRIN Verlag

Bibliografische Information der Deutschen Nationalbibliothek:

Die Deutsche Bibliothek verzeichnet diese Publikation in der Deutschen National-
bibliografie; detaillierte bibliografische Daten sind im Internet über http://dnb.d-
nb.de/ abrufbar.

Impressum:

Copyright © 2014 GRIN Verlag GmbH
Druck und Bindung: Books on Demand GmbH, Norderstedt Germany
ISBN: 978-3-656-70968-8

Dieses Buch bei GRIN:

http://www.grin.com/de/e-book/277796/klausurvorbereitung-gedaechtnisfunktion-
der-literatur

GRIN - Your knowledge has value

Der GRIN Verlag publiziert seit 1998 wissenschaftliche Arbeiten von Studenten, Hochschullehrern und anderen Akademikern als eBook und gedrucktes Buch. Die Verlagswebsite www.grin.com ist die ideale Plattform zur Veröffentlichung von Hausarbeiten, Abschlussarbeiten, wissenschaftlichen Aufsätzen, Dissertationen und Fachbüchern.

Besuchen Sie uns im Internet:

http://www.grin.com/

http://www.facebook.com/grincom

http://www.twitter.com/grin_com

Klausurvorbereitung Themen – Stoffe – Motive

Gedächtnistypen

1. psychisches Vermögen vs. kulturelle Kompetenz
   —> aber unterstützt/geregelt durch Ged.lehren (artes memorativae), die Kulturprodukte sind

2. **individuelles** vs. **kollektives** Gedächtnis
   —> abhängig von sozialen Rahmen (M. Halbwachs 1925/1966)   —> 'nur' eine Metapher, da getragen von Individuen
   —> entsteht durch Kommunikation (H. Welzer 2002)
   —> konstituiert als autobiogr. Ged. die 'Persönlichkeit'   —> "konnektiv" = maßgeblich für den Zusammenhalt einer Gesellschaft
   in beiden Hinsichten   —> identitätsfundierend

3. **kommunikatives** vs. **kulturelles** Ged. (Jan Assmann 1992)
   —> umfaßt 80-100 Jahre, mit der jeweiligen Gegenwart mitwandernd   —> bezieht sich auf die Vorzeit, an die es keine persönliche Erinnerung gibt
   —> lebendig, informell   —> festgelegt, symbolisch objektiviert
   —> "naturwüchsig" [dgg. Welzer]   —> gestiftet
      —> kulturtragend
   —> nicht nur mündl., sd. multimedial, heute stark von Massenmed. beeinfl.   —> nicht erst in Schriftkulturen, aber durch Schrift stabilisiert und elaboriert

4. Aleida Assmann (1999) nennt das kult. Ged. **Funktions**ged. und grenzt dagegen d. **Speicher**ged. ab
   —> 'unbewohnt'
   —> nicht identitätskonkret/bildend
   —> nicht normativ
   —> setzt Speichermedien (Schrift, Buchdruck) voraus

Jan Assmann: Kulturtheorie des Gedächtnisses

Erinnerungskultur

56

Skalenmodell zu eigen machen und die Pole folgendermaßen zusammenfassen:

	kommunikatives Gedächtnis	kulturelles Gedächtnis
Inhalt	Geschichtserfahrungen im Rahmen indiv. Biographien	mythische Urgeschichte, Ereignisse in einer absoluten Vergangenheit
Formen	informell, wenig geformt, naturwüchsig, entstehend durch Interaktion, Alltag	gestiftet, hoher Grad an Geformtheit, zeremonielle Kommunikation, Fest
Medien	lebendige Erinnerung in organischen Gedächtnissen, Erfahrungen und Hörensagen	feste Objektivationen, traditionelle symbolische Kodierung/Inszenierung in Wort, Bild, Tanz usw.
Zeitstruktur	80-100 Jahre, mit der Gegenwart mitwandernder Zeithorizont von 3-4 Generationen	absolute Vergangenheit einer mythischen Urzeit
Träger	unspezifisch, Zeitzeugen einer Erinnerungsgemeinschaft	spezialisierte Traditionsträger
	eigenes oder von Bekannten Erinnertes	reicht weiter zurück, Erinnerung durch Speichermedien

→ beide Teile des kollektiven Gedächtnisses

- Kultur entsteht durch Gedächtnis, man kann nur eine Kultur haben, wenn man sich an Vergangenes erinnert und daran anknüpft
- Gedächtniskunst: Entwicklung von Techniken (z. B. Kunst in Form von Literatur), durch die man sich besser erinnern kann
- Speichergedächtnis: nicht mehr für die Gegenwart gültig, Überlieferungsbestände, auf die zurückgegriffen werden kann, die aber in der Gegenwart nicht gebraucht werden, kalt (Archiv, Bibliothek)
- Funktionsgedächtnis: sinnhaft geordnete Erinnerungen, die von einer Person, Gruppe oder Institution in der Gegenwart benutzt werden (z. B. legitimiert ein Königseine Herrschaft durch die Erinnerung an seine Herkunft), heiß (aktuell diskutierte Themen)
Harald Welzer: - Gedächtnis kann auch erfinden, also produktiv sein
- Erinnerungen verblassen aber auch
- jedes Erinnern ist ein Neuschreiben und Verändern der Erinnerung
- episodisches G., Wissenssystem, prozedurales G., Priming („Bahnung")
Maurice Halbwachs: - kollektives Gedächtnis bedingt das individuelle (ohne Gesellschaftsleben gäbe es auch keine eigene Erinnerung)
- Erinnerungen werden immer wieder rekonstruiert

Gedächtnisfunktionen der Literatur

Aleida Assmann: Literaturtheorie des Gedächtnisses

kulturelle Texte	literarische Texte
- richten sich an Leser als Repräsentanten eines Kollektivs	- einsame, private Lektüre durch ein Individuum
- umreißen dieses Kollektiv (durch Normen) → fordern Identifikation	- Lektüre vermittelt Erfahrungen, die von den eigenen klar getrennt sind → Distanzierung von der Lektüre, Aufmerksamkeit wird auf die Machart des Textes gelenkt
- stabiler Kanon	- ständige Innovation und Konkurrenz zu anderen literarischen Texten
- geschlossene Tradition	- im offenen Horizont der Geschichte

- Literatur ist als Festgehaltenes ein Teil des kulturellen Gedächtnisses (kultureller Text kann im historischen Verlauf nachträglich als Literatur wahrgenommen werden)
- Literatur hat Anteil am kommunikativen und autobiographischen Gedächtnis (woran man sich erinnert, wird nicht nur von eigenen tatsächlichen Erinnerungen, sondern auch von literarischen Darstellungen beeinflusst, z. B. Menschen, die den Holocaust miterlebt haben, beziehen ihr Gedächtnis aus eigenen Erinnerungen, aber auch aus Büchern und Filmen zum Thema)
- Literatur kann versuchen, ein neues G. zu stiften, das ohne sie gar nicht da wäre (z. B. Hölderlins Versuch, Göttergedächtnis zu erzeugen → nicht literarisch benutztes, sondern erzeugtes G.)
- Literatur kann auch vom kulturellen Gedächtnis unabhängig sein und durch Verweise auf frühere Literatur (Intertextualität) ein rein literarisches Gedächtnis schaffen
- von Gesellschaft unabhängige Literatur kann durch Kanonisierung Teil des kulturellen G.s werden
→ Literatur kann Teil aller Gedächtnistypen sein, muss nicht immer Teil des Funktionsgedächtnisses oder des kulturellen sein

3 Zeitdimensionen eines Gedächtnistextes:

Vorzeit:
> Worauf nimmt der Text Bezug? (Ereignisse, Bezüge zu anderen Texten (=Intertextualität), Art der Erinnerung (kommunikatives oder kulturelles G., mündliche oder schriftliche Überlieferung)) → Erinnerungsleistung eines Textes

Gegenwart:
> → Leistung eines Textes für das kommunikative oder kulturelle Gedächtnis seiner Zeit (soziale Funktion, Identitätsbildung, Bekräftigung von Normen)
> - entweder in Rituale eingebettet oder rein literärische Ästhetik (fließender Übergang)
> - Welches Medium? (gesellschaftliche Reichweite des Mediums)

Zukunft
> → Erinnertwerden eines Gedächtnistextes und seines Autors
> - Sozialdimension: Welches Interesse am Erinnern? (Funktions- oder Speichergedächtnis)
> - materiale Dimension: Überlieferungsmedium (mündlich oder schriftlich, Buch oder Bild)
> - hermeneutische Dimension: Verstehen über kommunikativen/historischen Bruch hinweg

Gedächtnis bei Hesiod
- Dichter erhält seine Begabung durch Musen, die „die Erinnernden" sind
- Erinnerung an Götter und ihre großen Taten und somit an den Ursprung und die Weltordnung
- Erinnerung an Vergangenes, um aktuell Schlechtes zu vergessen
- Dichter = Träger des kulturellen Gedächtnisses auf 1. Ebene
- Philologen beschäftigen sich mit Dichtern, sind somit auch Träger des kulturellen G.s, auf 2. Ebene

Epik als Gattung der Erinnerung

- Epik blickt natürlicherweise auf etwas zurück (natürliche Rückwendung)
- episches Präteritum zeigt Fiktionalität und nicht Vergangenheitsbezug (episches ≠ historisches Präteritum)
→ Gedächtnisfunktion entsteht durch inhaltliche Rückbezüge des Erzählers oder der Figuren

Gedächtnis bei Homers „Ilias"
- heutige Vorstellungen von Troja und den griechischen Göttern gehen weitgehend darauf zurück
- sehr kunstvoller Aufbau, historische Verdichtung (nur 51 Tage von 100 Jahren und nur 7 davon genau), berichtet nicht nur vom Kampf, sondern auch von Beziehungen, Moral und Gesellschaft
- umfasst 51 Tage im 9. Jahr der Trojabelagerung durch die Achaier in 24 Gesängen

Inhalt:
- Gott Apollon wird entehrt, weil die Tochter des Apollon-Priesters Chryses Chryseis von den Achaiern (genauer Achilleus) geraubt wird und Chryses von Agamemnon beleidigt wird, als er sie zurückholen will
- Chryseis wird bei der Beuteaufteilung dem Oberbefehlshaber der Achaier Agamemnon als zugesprochen
- Apollon sendet aus Rache Pfeile und Seuchen an die Achaiaer, bis diese Chryseis ihrem Vater zurückgeben
- als Ersatz für Chryseis fordert Agamemnon aber Achilleus' Beutemädchen Briseis, um seine Macht zu demonstrieren
- Achilleus ist durch diese Entehrung wütend auf Agamemnon und weigert sich (gemeinsam mit einigen Kampfgefährten), weiter an den Schlachten teilzunehmen, worunter die Achaier sehr leiden

- Achilleus bittet seine Mutter Thetis, Zeus um Ehre für sich zu bitten; Zeus schickt Agamemnon einen Traum, dass er Troja besiegen kann, woraufhin dieser in die Schlacht zieht und viele Kämpfer verliert
- vom 2. bis zum 8. Gesang Szenen aus früheren Kriegsjahren, erste Begegnung von Achaiern und Trojanern
- ab 9. Gesang wieder Achilleus als Thema, Achaier erkennen, dass sie ihn und seine Gefährten brauchen, aber Agamemnon will sich nicht entschuldigen und Achilleus geht auch nicht auf ihn zu
- Achaier werden dank göttlichen Eingriffen trotzdem nicht besiegt
- im 16. Gesang erlaubt Achilleus seinem Freund Patroklos, die Trojaner zurückzudrängen (hier erfährt Achilleus nach Zeus' Plan Ehre)
- Patroklos wird aber übermütig und greift Troja direkt an und wir unter anderem vom trojanischen Heerführer Hektor getötet
- bis zum 19. Gesang Streit um seinen Leichnam
- im 19. Gesang Versöhnung von Achilleus und Agamemnon, Achilleus will Hektor töten, um seinen Freund zu rächen
- Kampf der beiden erst im 22. Gesang, bis dahin Kämpfe zwischen Achilleus und anderen Gegnern (auch Göttern)
- Achilleus überwindet seinen Zorn erst, nachdem er Hektor getötet und dessen Vater Priamos kennengelernt hat, der unter dem Verlust seines Sohnes so stark leidet wie Achilleus unter dem seines Freundes
- Schlacht wird eigentlich nur von Göttern gelenkt, die z. T. auf Seiten der Achaier und z. T. auf Seiten der Trojaner sind und sich auch gegenseitig gegeneinander ausspielen

Übergang von der Mündlichkeit zur Schriftlichkeit:
- Trojaüberlieferung bereits vor Homer in Hexameterform, aber von Homer schriftlich festgehalten
- Bildung einer griechischen Lautschrift aus der phönizischen Konsonantenschrift → quantitativer und qualitativer Ausbau von Texten
- exaktere Tradierung durch Schrift, da Überlieferung nicht auf das individuelle Personengedächtnis angewiesen ist

3 Zeitdimensionen der Ilias:
- **Vergangenheit**:
  - 2. bis 8. Gesang zeigt vergangene Kriegsszenen und macht deutlich, was überhaupt Anlass für den Krieg war (Trojaner Paris entführte die schöne Helena von den Griechen, diese belagern daraufhin Troja → Spiegelung des Grundkonflikts durch Entführung von Chryseis)
  - unklar, welche Vergangenheitsaspekte der Realität entsprechen und was davon nur Homers Dichtung ist (Troja hat zwar sicher existiert, aber die Beschreibung muss nicht wahr sein)
  - innerhalb der Erzählung wird in die Vergangenheit zurückgegangen, aber die Geschichte selbst ist schon Vergangenheit, denn Trojaner waren ein Heldenvolk, Ritter als Gutsbesitzer, Schrift entsteht aber aus dem Handel heraus → da die Ilias schriftlich festgehalten ist und die Trojaner keine Schrift hatten, muss ihre Geschichte Vergangenheit sein
- **Gegenwart**:
  - Homers Zeit (ca. 700 v. Chr.) des Handels und der Schriftlichkeit, die Werte und Normen seiner Gesellschaft sind in der Ilias verarbeitet, nicht aber die tatsächlichen gesellschaftlichen Gegebenheiten der Trojabelagerung (ca. 1200 v. Chr.)
  - vorgespielte Gegenwart der Erzählung ist also in Wirklichkeit die von Homer
- **Zukunft**:
  - stetige Tradierung der Ilias und Homers durch Rhapsoden (Berufsrezitierer)
  - lange Zeit wurden Normen der Ilias gelehrt und gehörten somit zum Funktionsgedächtnis
  - Bildung eines kulturellen Gedächtnisses auf Grundlage der Ilias → Ethnogenese (Entstehung eines einheitlichen griechischen Volkes auf Grundlage des so geschaffenen kulturellen Gedächtnisses)

- Übergang ins Speichergedächtnis durch Bibliothek von Alexandria, die Kanon an Texten festlegte und sie so für die Neuzeit aufbewahrte und filterte (Werte der Ilias gelten für die heutige Welt nicht mehr, aber sie bildeten die Grundlage für die griechische Kultur und man kann ggf. auf sie zurückgreifen)

Gedächtnis bei Hartmann von Aues „Iwein"
Inhalt:
- Prolog mit Selbstvorstellung Hartmanns
- Pfingstfest am Hof von König Artus
- Ritter Iwein hört Erzählung seines Verwandten Kalogrenant (Binnenerzählung)
    - Kalogrenant kam auf eine Lichtung mit wilden Tieren und einem verwilderten, aber friedlichen Mann
    - Mann macht ihn auf einen magischen Brunnen aufmerksam
    - Kalogrenant begießt Stein und löst damit ein Unwetter aus
    - daraufhin erscheint der Hüter des Brunnens Askalon und besiegt Kalogrenant, der Pferd und Rüstung zurücklassen muss
- Artushof will Schmach rächen und schickt einen Zug in den Wald
- Iwein reitet aber heimlich voraus, verletzt Askalon stark → Askalon flieht, Iwein verfolgt ihn bis in sein Schloss
- Lunete, die Vertraute von Burgherrin Laudine, hilft Iwein und schenkt ihm einen Ring, der unsichtbar macht
- Iwein sieht Laudine, die um den toten Askalon trauert, und verliebt sich in sie
- Askalons Wunden fangen wieder an zu bluten (Bahrprobe: Wunden beginnen wieder zu bluten, wenn der Mörder in der Nähe ist) → Suche nach dem Unsichtbaren
- Lunete überzeugt Laudine aber, dass der Sieger über ihren Mann ihr neuer Mann werden sollte → Hochzeit
- Artushof kommt inzwischen zum Brunnen, Iwein verteidigt ihn als neuer Hüter, besiegt Ritter Keie
- der restliche Hof feiert seine Hochzeit und sein neues Land
- Iwein zieht aber auf Drängen Gaweins auf Abenteuerreise
- Laudine nimmt ihm das Versprechen ab, nach Jahr und Tag zurückzukehren, danach hätte er keinen Anspruch mehr auf die Herrschaft
- Iwein verpasst die Frist um 6 Wochen, verliert seine Ehre am Artushof, somit seine Identität als Ritter, und seine Frau, wird wahnsinnig und lebt als Wilder im Wald
- Dame von Narison und ihre Begleiterin heilen ihn mit einer Salbe der Fee Feimorgan → Iwein kommt zur Besinnung und befreit das Land der Dame von Graf Aliers, der es beansprucht
- Dame will Iwein heiraten und zum Landesherrn machen, aber er schlägt diese Heirat und 2 weitere aus und flieht
- Iwein rettet Löwen vor einem Drachen, dieser begleitet ihn und macht ihn zum Löwenritter
- kommt zum Brunnen zurück, wird dort wegen der Erinnerung an seinen Verlust fast wieder wahnsinnig
- dort trifft er Lunete, die zum Tod verurteilt ist, weil sie ihn zum Herrscher gemacht hat und er seinen Treueschwur brach
- Iwein hilft Lunete am folgenden Tag nach einem Kampf gegen einen Riesen und sorgt dafür, dass ihre Ankläger an ihrer Stelle auf dem Scheiterhaufen verbrennen
- Laudine bewundert den Löwenritter (sie erkennt ihn nicht) und ist empört, dass eine Dame ihm ihre Gunst entzogen hat
- Iwein verlässt den Ort wieder und verteidigt eine Dame im Erbstreit gegen ihre ältere Schwester, die von Gawein vertreten wird (Gericht ist am Artushof) → beide kämpfen gegeneinander und erkennen sich schließlich wieder
- König Artus verhilft der jüngeren Schwester zu ihrem Recht, Iwein gibt sich zu erkennen und wird wieder in den Artushof aufgenommen
- als Löwenritter kehrt er an Laudines Hof zurück
- Lunete nimmt Laudine das Versprechen ab, dem Löwenritter zu helfen, die Gunst seiner Dame zurückzuerlangen; da sie selbst seine Dame ist, muss sie ihm vergeben, die beiden heiraten noch mal

- Doppelwegschema: Iwein erlangt Ehre und eine Frau, verliert alles durch eigene Schuld und muss es sich in einem Lernprozess zurückerkämpfen (im Lernprozess verteidigt er Frauen, vorher hat er Laudine im Stich gelassen, er hilft nach einem Kampf noch Lunete, lernt also, Termine einzuhalten)
- Übergang von Mündlichkeit zu Schriftlichkeit der mhd. Volkssprache (vorher nur Latein der Kleriker, das für kirchliche Texte verwendet wurde) → ermöglicht Erzählen von Mystischem, da sie distanzierter ist als die Mündlichkeit, es muss niemand wirklich so erlebt und mündlich erzählt haben

Dramatik als Gattung des rituellen Gedächtnisses

- Drama macht etwas präsent, keine Distanz zur Vergangenheit, Schauspieler ist die aktuelle Figur
- Ausnahme: geistliches Spiel (große Distanz zum Geschehen, offensichtliche Belehrung)
- Ritual: traditionsbezogene kollektive Bestätigungshandlung (Träger des kulturellen Gedächtnisses, Gruppenbeschäftigung, Bestätigung der Gruppenidentität und -werte)

Jan Assmann:

Ritus und Fest	Literatur
= „primäre Organisationsformen des kulturellen Gedächtnisses"	Entfernung von Ritualität
multimedial (Tanz, Gesang, Bilder, Text usw.)	nur ein Medium
größere Gruppe	kleine Gruppe oder einsame Lektüre
nicht alltäglich, Fest	kein fester Anlass
unveränderte Wiederholung, keine Variation	häufige Variation

→ Theater ist multimedial, variiert nicht, erreicht eine größere Gruppe → Drama hat mehr von einem Ritual als ein epischer Text, ist sogar teilweise aus Ritualen entstanden (z. B. Osterspiele)

- Dramentrilogie: geistliches, weltliches und weltlich-komisches Stück (geschichtliche Stoffe, bei den ersten beiden Erinnerung an vergangene Ereignisse, beim komischen Stück eher an Werte)

Gedächtnis im Theater
- Mittelalterliches Osterspiel: - geistliches Spiel an Ostern zur Erinnerung an Jesus' Auferstehung
           - zuerst nur in Latein und in Kirchen als Liturgie zur Erklärung des Osterfestes
           - später von den Städten organisierte Spektakel in Volkssprache, Verlust des belehrenden Aspekts
           → kulturelles Gedächtnis (geordnet, Rituale, kulturbildende Vergangenheit, an der niemand selbst teilhatte)
- Christian Weise: Schultheater als Initiationsritus für die Kinder
- Hermann Nitsch: Orgien-Mysterien-Theater: Darstellung von Jesus' Leiden durch Tierkadaver, Blut und an Kreuzen befestigte Schauspieler

Gedächtnis in verschiedenen Dramenformen

1. **Tragödie**: - alles Geschehene führt zwangsläufig zum Ende des Dramas (in sich geschlossene Handlung, keine Szene, die nicht Anteil daran hätte)
        → Kette unglücklicher Umstände, Figuren können sich nicht retten, weil die Geschichte sie überrollt

2. **Komödie**: - Gattung des Vergessens, keine chronologische, in sich geschlossene Handlung, nicht alles Geschehene hat Anteil am Ende und wird wieder aufgegriffen → sehr präsentisch
        - Ende ist fast immer Hochzeit und alle Widerstände auf dem Weg dorthin werden vergeben und vergessen, um diese herbeizuführen
        - Erinnerung erfolgt weder an bereits Geschehenes noch an Werte, die man haben sollte (komische Figuren vergessen diese einfach)

Lyrik als Denkmalsgattung

- in der Lyrik verewigt sich ein Dichter, sie wurde als erste Gattung zu diesem Zweck verwendet
→ Tod: 1. weckt Bedürfnis, sich an den Verstorbenen zu erinnern
2. wirkt dem Erinnern entgegen, weil man den Verstorbenen vergisst
3. ist Antrieb, um für ein Erinnern nach dem Tod zu sorgen
→ z. B. Horaz „Melpomene" (Horaz spricht in diesem Gedicht explizit aus, dass es da ist, damit er nicht vergessen wird, er schafft sich also ein Denkmal durch die Literatur

Lyrische Gedächtnisformen

1. **Dissertation**: - Gedächtnisschrift für Tote (z. B. von Andreas Gryphius) nach dem **rhetorischen Modell** (1. Inventio/Gedanke, 2. Disposito/Gliederung, 3. Illocutio/sprachliche Ausformung, 4. Memoria/Auswendiglernen, 5. Actio/Ausführung)
   - Erinnerung an einen Toten, aber auch daran, dass es allen Menschen einmal so gehen wird (Christentum: Tod ist auch Hoffnung)
   - Trauerrede geht alle an, weil alle sterben werden, ist eine rituelle Veranstaltung, wird nach dem Begräbnis verschriftlicht und kann so in das kulturelle G. eingehen

2. **Epicedium**: - Trauer- und Trostgedicht, das nicht mit den Trauernden, sondern über sie spricht
   - es wird beklagt, dass kaum einer noch an die Ewigkeit und Gott denkt, und klargemacht, dass jeder sterben wird und sich so tugendhaft wie der Verstorbene benehmen sollte → Erinnerung an den Toten soll vor allem zur Nachahmung anregen
   - sozial funktionalisiertes kulturelles G., soll auf ein Kollektiv wirken

3. **Epitaphium**: - Grabschrift anlässlich eines Begräbnisses, aber nicht währenddessen
   - Toter ist als Anlass vorhanden, aber die Erinnerung muss nicht direkt auf ihn bezogen sein (z. B. Opitz „An Heinrich Schütz": Gedicht wendet sich an H. Schütz, dessen Frau gestorben ist, es geht aber nicht direkt um die Tote)

4. **Epigramm**: - alle Arten von Inschriften, nicht nur Grabschriften
   - sehr kurzes und kunstvolles Gedicht, inhaltliche Opposition, meist negative Wendung am Ende, warnende Negativbeispiele
   - kein Anlass, es wird nur vorgegeben, Gedächtnis stiften zu wollen (z. B. Grabinschrift für Adam oder einen Hund)
   - nicht an weltlich-realistische Situationen angepasst, über den Toten wird durch das negative Ende oft gespottet, was man bei einem realen Begräbnis nie tun würde

Dissertation	Epicedium	Epitaphium	Epigramm

zunehmende Distanzierung von realer Begräbnissituation und dem Gedenken an einen Toten, Entstehung eines literarischen Mehrwertes
→ moralische Belehrung erfolgt aber bei allen Formen

Literatur in der Konkurrenz zwischen Geschichte und Gedächtnis

- Geschichtsschreibung und kulturelles Gedächtnis gehen auseinander, das kulturelle Gedächtnis legt Historisches oft anders aus als es wirklich war
- Maurice Halbwachs: Geschichte   vs.   kulturelles Gedächtnis

           objektiv, Erkenntnisfunktion   wählt aus, also parteiisch, Identitätsfunktion

18. Jh.:
- thematisiert das Verlorensein in der Gegenwart, beklagt, dass früher Vorhandenes weg ist
- **Krise des kulturellen Gedächtnisses**: wenn Vergangenheit zu anders ist als die Gegenwart, welche Geltung kann sie dann für diese noch haben? → wenn Gegenwart einen Mangel hat, kann die Erinnerung an die positive Vergangenheit der Schlüssel für eine bessere Zukunft sein

Gedächtnis bei Schillers „Die Götter Griechenlands"
- lyrisches Ich blickt wehmütig auf die Antike zurück und beklagt den Verlust der Götter und ihrer Werte in der Gegenwart (Werte sind hier im Gegensatz zu Grabgedichten, wo sie erhalten bleiben, verloren gegangen), Kritik an der Strenge des Christentums durch Blick auf Feste der Götter
- Antike unterscheidet sich mit ihren Göttern grundlegend von Gegenwart mit Naturwissenschaften
- Götter im Speichergedächtnis, haben keine soziale Verbindlichkeit mehr → kein kulturelles G.
- → Schiller schafft wie Homer und Hartmann von Aue nur eine literarische Illusion einer idealen und vorbildlichen Welt, um die gegenwärtige kritisieren zu können (kein Wahrheitsanspruch)
- → Verewigung von Geschichte in Literatur

Gedächtnis bei Hölderlins „Brod und Wein"
- Verbindung von Jesus und antiken Göttern (Jesus konsumiert beim Abendmahl Brot und Wein, die die Götter als Rückkehrsversprechen zurückgelassen haben)
- Realitätsanspruch, nicht auf Literatur beschränkt, Versuch, Götter wiederaufleben und in Kultur zurückkehren zu lassen, also kulturelles G. zu stiften und die Zukunft besser zu machen
- → geschichtsphilosophische Deutung in die Zukunft

19. Jh.:
- Literatur passt Stil Geschichtsschreibung an (diskursives Mimikry)
- Stoffe sind aus dem Speichergedächtnis und stiften keine Normen und Werte mehr, sind also meist unbekannt
- Romanautor als Bruder der Geschichte: Literatur = Mischung aus Fantasie und realen Stoffen

Gedächtnis bei Jeremias Gotthelfs „Die schwarze Spinne"
- Rahmenerzählung: Kindstaufe, bei der sich die ganze Familie trifft, Patin sieht einen sehr alten Holzpfosten, über den der Großvater 2 Geschichten erzählt
- 2 Binnenerzählungen: 1. Pakt mit dem Teufel, der den Dorfbewohnern eine giftige schwarze Spinne schickt, weil sie ihn betrogen haben
  2. über das Freilassen der Spinne aus dem Holzpfosten, weil die Dorfbewohner ihre christlichen Werte vergessen haben

8

- Erinnerung an Grundsätze des Zusammenlebens und christliche Werte
- Großvater berichtet von Geschehnissen aus dem Mittelalter vor 600 Jahren → so weit kann weder sein eigenes noch das kommunikative Gedächtnis zurückreichen, kommunikatives G. wird fingiert
→ literarischer Text

Gotthelfs literarisches Gedächtnis	Geschichtsgedächtnis
mündliche Überlieferung	schriftliche Überlieferung
kleine Personengruppe	die ganze Welt
religiös, übernatürlich	erklärbar nur durch belegtes Handeln
mythisch	wissenschaftlich

Gedächtnis bei Theodor Storms „Der Schimmelreiter"
- äußere Rahmenerzählung: Erzähler berichtet davon, wie er einmal etwas gehört hat (um 1888)
- innere Rahmenerzählung: Deichgraf von 1830 berichtet von einer rätselhaften Begegnung mit einem Reiter, Schulmeister erzählt daraufhin die Binnenerzählung
- Binnenerzählung: - vom Schulmeister (= Binnenerzähler) erzählt, spielt um 1750
     - Bauernsohn Hauke Haien geht bei einem Deichgrafen in die Lehre und wird nach seinem Tod durch eine Hochzeit mit seiner Tochter sein Nachfolger
     - Hauke wird durch den Kauf eines alten kranken Schimmels zum Dämon für die Dorfbewohner
     - bei einem Deichbruch sterben Haukes Frau und seine behinderte Tochter, woraufhin er sich ebenfalls mit seinem Schimmel in die Fluten stürzt, so das Dorf rettet und in Erinnerung bleibt
- 3-fache Einbettung, um Spukgeschichte aus der Gegenwart heraus nicht lächerlich, sondern plausibel wirken zu lassen (das erzählt man sich eben so)
- keine mündlich weitergegebene Geschichte, innerer Binnenerzähler sagt, dass er die Geschichte vor 60 Jahren in einer Zeitschrift gelesen hat und sich erinnert (Gedächtnis ist aber rein fiktiv, weil die Erinnerung so lange zurückliegt) → literarische Fiktion wird offen ausgesprochen
- kein Geschichtsgedächtnis, denn der Stoff wird literarisch entworfen und ist kein realer Mythos

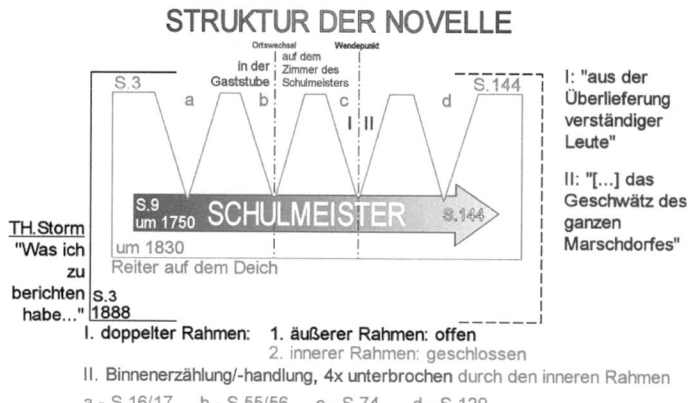

9

Gattung Autobiographie

- individuelle Lebensläufe
- verfasst von der Person, die es selbst erlebt hat
- scheinbar keine Konkurrenz von Geschichte und Gedächtnis, weil das Gedächtnis Teil der Geschichte ist
- Augustinus „Confessiones" → Lebensrechtfertigung vor Gott
- Rousseau: „Confessions" → Beginn der modernen Autobiographie, Rechtfertigung vor sich selbst, Individualität
- Goethe „Dichtung und Wahrheit" → Individualität im Wechselspiel von Anlagen und Bedingungen, Entwicklung des Individuums in seinen gesellschaftlichen Bedingungen
  → Zugeständnis, dass nicht alles wahr, sondern z. T. dazu gedichtet ist, Leben entwickelt sich nicht immer konsequent, Erinnerung ist Konstruktion
- Nietzsche: „Das habe ich getan, sagt mein Gedächtnis. Das kann ich nicht getan haben, sagt mein Stolz. Endlich gibt mein Gedächtnis nach." → Erinnerung nur an das, woran man sich erinnern will, kein wahres Gedächtnis, sondern eine Konstruktion der Vergangenheit
- Harald Welzer: autobiographisches Gedächtnis =„jene Instanz unserer Persönlichkeit, die uns hilft, uns über alle lebensgeschichtlichen Brüche und Veränderungen hinweg als ein kontinuierliches Ich zu erleben" → Individuum hat sich entwickelt und ist nicht einheitlich, daher Konstruktion einer passenden Vergangenheit, um das Gefühl von Harmonie des Lebens und Einheit der Persönlichkeit zu erschaffen

→ im 20. Jh. Anerkennung der Tatsache, dass Vergangenheit rekonstruiert wird, Thematisierung des Erinnerungsprozesses (Wie kam man zu der Erinnerung? Wurden Quellen benutzt?)

Erinnerungsprozess bei Monika Marons „Pawels Briefe"
- Monika Marons Großvater war Jude, zog vor dem Ersten Weltkrieg nach Berlin, wurde 1939 mit seiner Frau ausgewiesen, die Kinder durften bleiben, 1943 im Ghetto erschossen oder vergast
- Monika Marons kommunistische Mutter Hella ist seine Tochter
- Monika ist nicht kommunistisch → Gegensatz beherrscht das ganze Buch, das eigentlich vom Großvater handelt → Sicht aus der Gegenwart, sie bestimmt das Erzählen von der Vergangenheit
- Gedächtnis an den Großvater besteht aus unzuverlässigen Erinnerungen der Mutter und zufällig gefundenen Briefen (sie wurden vergessen und tauchen bei der Suche nach der eigenen Vergangenheit auf → Erinnerungsanstoß aus der Gegenwart)
- Quellen können unzuverlässig sein (Foto zeigt Großvater mit einem Buch, aber er konnte nicht lesen) → Interpretation erfolgt, wie man sie braucht, auch wenn sie nicht der Realität entspricht
→ vom Standpunkt der Gegenwart geschrieben, aber keine Harmonisierung des Gedächtnisses, sondern eher Aufdeckung der Vergangenheit (anders als sonst üblich)

Vergebenes Vergessen

- Harald Welzer: Vergessen ist wichtig für die eigene Identität, denn nur so kann eine einheitliche Persönlichkeit geschaffen werden

- Elena Esposito: „Soziales Vergessen" → Vergessen ist der Normalfall, das Meiste ist nur in Bibliotheken und Archiven gespeichert (wäre bei Aleida Assmann aber kein Vergessen, sondern das Speichergedächtnis)
- Vergessen kann für die Stabilität einer Gesellschaft wichtig sein (z. B. bei Konflikten)
- Umberto Eco: Gibt es eine Vergessenskunst (*ars oblivionalis*) als Gegenstück zur Gedächtniskunst (*ars memoriae*)?
  → Nein: absichtliches Vergessen ist unmöglich, weil man sich ähnlich der Gedächtniskunst Gedankenstützen (z. B. Bilder) für das, was man vergessen will, bauen müsste; diese Gedankenstützen sind aber Zeichen, die auf etwas verweisen und würden somit nur auf das Abwesende, was man vergessen will, erinnern, wodurch man es nicht vergisst, sondern sich daran erinnert
→ aber Dinge können vergessen werden:
1. indem man sich anders an sie erinnert als sie waren (z. B. redet man sich ehemals geliebte Menschen so lange schlecht, bis man die positiven Erinnerungen an ihn vergessen hat)
2. indem man so tut, als hätte man etwas vergessen, damit es die Zukunft nicht weiter beeinflussen kann → „vergeben und vergessen" (soziale und kulturelle Technik, die auch in der Literatur üblich ist, betrifft mindestens 2 Menschen und sorgt für ein friedliches Weiterleben nach Konflikten)

→ Vergessen ist ein Grundmotiv der Komödie, denn damit alles gut ausgehen kann, müssen die Menschen sich ihre Fehler vergeben, sie sozusagen „vergessen"

- Scheffel: **historisches Modell** (Verbindung von Vergangenheit und Gegenwart, Vergessen ist durch die Speicherung der Vergangenheit in Bibliotheken nicht möglich)
- Schiller: alles, was geschehen ist, beeinflusst die Gegenwart, Kausalkette aller Ereignisse bis heute, Vergessen ist unmöglich, aber Mensch kann die Kette nicht komplett, sondern nur bis zu einem gewissen Punkt überschauen, nur Gott weiß alles

Religion als Ansporn, zu vergeben und zu vergessen
- vergeben und vergessen wird einfacher, wenn man daran glaubt, das Gott sich an alles erinnert und schlechte Taten beim Jüngsten Gericht sowieso bestrafen wird
- wenn man Frieden untereinander schließt, kann man das später auch mit Gott
- Abschwächung religiöser Normen führt zu einem stärkeren Vergeltungsgedanken

Vergessen bei Lessings „Minna von Barnhelm"
- Minna reist ihrem Verlobten Tellheim nach, der sie nicht mehr heiraten will, weil er sich als unwürdig für seine wohlhabende Verlobte empfindet (sie denkt, er sei nur zu stolz, sie weiß nicht, dass er der Unterschlagung angeklagt und als Offizier entlassen worden ist)
- Vergessen als Zwang, den sich Tellheim auferlegt: Minna vergessen und sich gesellschaftlich retten oder alles andere vergessen und mit Minna fliehen)
- Minna tut so, als sei sie ebenfalls mittellos geworden (ihr Onkel unterstützt sie angeblich nicht mehr, weil sie den Mann, den er für sie ausgesucht hat, nicht heiraten will) → jetzt will Tellheim sie heiraten, um ihr zu helfen und weil er nicht mehr unwürdig ist
- Minna sagt, sie wolle ihn nicht heiraten, weil sie nach seiner juristischen Rehabilitation durch König Friedrich II. ihm nicht würdig sei (Spiegelung seines eigenen Verhaltens)
- Minnas Oheim kommt und klärt alles auf → Doppelhochzeit zwischen Minna und Tellheim und ihrer Kammerfrau Franziska und Tellheims Freund Werner

11

→ nicht deus, sondern rex ex machina (nicht Gott löst die Situation auf, sondern zuerst der König, der Tellheim rehabilitiert und dann der Oheim, der Minnas Spiel aufdeckt, also Menschen)
→ es wird nicht vergeben und vergessen, stattdessen wird die Vergangenheit aufgedeckt (= historisches Modell, denn **religiöses Modell** = Vergessen, **historisches Modell** = Aufdeckung der Vergangenheit)

Scheitern des Vergessens

- Nietzsche: „Vom Nutzen und Nachteil der Historie für das Leben":
   - Mensch will unendlich viel wissen, historisches Wissen wächst stetig
   - historisches Wissen und ethische Modelle stehen in Konkurrenz zueinander (Soll man sich mit diesem oder jenem beschäftigen?)
   - unmöglich, alles zu wissen, zu ordnen und in einen Gesamtzusammenhang zu bringen
   - zu viel Wissen trägt nicht zu Identitätsbildung bei, sondern macht ruhelos und führt zu Schaffenskrisen, weil es alles schon einmal gab und kaum neue Ideen möglich sind
   - Tiere sind glücklicher als Menschen, da sie ohne Gedächtnis leben

- ab 1890 allgemeine Tendenz in der Kunst, alles Gewesene vergessen zu wollen (Hermann Bahr: Vergangenes sollte vergessen werden und Gegenwart hochleben)

Scheitern des Vergessens bei Hugo von Hofmannsthals „Elektra"

Inhalt:
- Ort des Geschehens Mykene (archaische Antike, die noch vor der klassischen Heldenantike liegt)
- König Agamemnon wird vom Liebhaber seiner Frau Klytämnestra mit einem Beil erschlagen
- Klytämnestra hat schwere Schuldgefühle, die so zu vergessen versucht, es aber nicht schafft
- Tochter Elektra kann den Mord ebenfalls nicht vergessen, vergräbt das Beil, mit dem ihr Vater getötet wurde, um es ihrem Bruder Orest bei seiner Rückkehr geben zu können, damit er den Vater rächen kann
- Schwester Chrysothemis appelliert an Elektra, die Tat endlich zu vergessen, damit wieder ein ruhiges Familienleben möglich ist, sie wünscht sich außerdem einen Mann und Kinder (ein „Weiberschicksal")
- Elektra denkt bei dem Wort „Weib" aber nur an ihre Mutter beim Sexualakt mit ihrem Geliebten, sagt, dass sie kein Vieh sei und als Mensch nicht vergessen könne (Nietzsche)
- Elektra ist völlig besessen vom Mord an ihrem Vater, die Erinnerung daran behindert sie in ihrem Leben → sie lebt allein, will nicht heiraten, lebt nicht im Prunk, der ihr zustünde, sondern in Elend
- nach Orests Rückkehr drängt sie ihn, den Vater zu rächen
- nach dem Tod des Liebhabers führt Elektra einen Triumphtanz auf, bei dem ihr einfällt, dass sie vergessen hat, Orest das Beil zu geben, und somit selbst nichts zur Rache beigetragen hat
→ sie fällt um und stirbt

- Elektra war so auf den ungesühnten Mord fixiert, dass dieser ihr einziger Lebensinhalt war
→ als er gerächt ist, verschwindet dieser Lebensinhalt und sie stirbt
- ihre Vergangenheitsfixierung ist typisch für die Zeit um 1900
- Hofmannsthal wendet sich auch in die Vergangenheit zurück, indem er den Schauplatz der Antike wählt, aber die Psychologisierung holt das Werk in die Gegenwart
→ Psychologisierung: Elektras Wunsch nach Rache ist hier kein Göttergebot, sondern eine Besessenheit von der Vergangenheit, also ein psychischer Zwang

12

- Vorbild für Elektra war die Patientin Anna O. (in Wirklichkeit Bertha Pappenheim) aus Freuds „Studien über Hysterie" (pflegte ihren kranken Vater bis zu seinem Tod, konnte Erinnerung daran nicht verdrängen, lebte wegen ihnen ihre Sexualität nicht aus

- Nietzsche: eine ganze Epoche leidet unter der Gesamthistorie
- Freud: Individuum leidet unter dem eigenen Schicksal, der eigenen Vergangenheit
→ beide vereint die Übermacht der Vergangenheit über das Leben der Menschen

Umgang mit der Vergangenheit in der Gegenwart

- Vergessen allgemein und vor allem absichtliches wird eher negativ bewertet
- anders als in allen Jahrhunderten davor soll die Vergangenheit nie vergessen werden, damit sie sich nicht wiederholen kann
Harald Welzer: „Opa war kein Nazi": Umgang mit dem Holocaust im Privatraum der Familie, alle erkennen an, das es schlimmer Taten gab, aber niemand will je eigene Familienmitglieder darin involviert wissen, nur andere sind betroffen

Gedächtnis bei Ruth Klügers „Weiter leben"
- in Wien geboren, als Kind im KZ in Theresienstadt und Groß-Rosen, 1945 bei einem Todesmarsch dabei
- nicht nur eigene Erinnerungen, sondern vielstimmiger Dialog → Zitate verschiedener Menschen, mit denen sie sich auseinandersetzt → kollektives Gedächtnis nicht erst im Rezeptionsprozess, sondern schon in der Autobiographie
- Diskussion des Verhältnisses zwischen Opfern und Tätern (Können sie ein gemeinsames Gedächtnis haben?)
→ Kritik an NS-Gegnern, die sich Erinnerungen aneignen und sich mit Opfern identifizieren, obwohl sie keine sind (sie meint hier die Juden als Opfervolk, aber es gab ja auch Deutsche im KZ)
→ gemeinsames Gedächtnis ist für sie nicht möglich, weil jedes Volk sich anders erinnert

Zusammenfassung zu den Funktionen der Literatur im Gedächtnis

- gesellschaftliche Organisation beeinflusst die Funktion der Literatur

alteuropäisches Gesellschaftskonzept (Antike bis 18. Jh.)	modernes Gesellschaftskonzept
Literatur im Dienst des gesellschaftlichen Rahmens, funktionalisiert	Literatur als autonome Kunst, die die Gesellschaft problematisiert und reflektiert, auch Entwürfe schafft, die nicht zur Gesellschaft passen
Vermittlung von Idealen (politische, moralische, religiöse)	Interpretationsspielraum, Leser muss unbestimmte Lücken selbst füllen

→ Literatur will Erinnerungen meist teilen, um Werte zu teilen (nicht nur im alteuropäischen Konzept, auch Ruth Klüger lässt nur die Interpretation der Verurteilung des Holocausts zu)